AF284656

„Gefühle, die ich vorfand, wenn ich in mich hineinschaute, meistens bezogen auf die Menschen, die mich umgeben, und auf mich selber, in lockerer, offener Form, selbst für Deutschlehrer, die nicht lesen, geeignet", kommentiert der Autor die Gedichte.

Es handelt sich um einen bunten Bilderbogen aus den Themenbereichen Freundschaft und Liebe und um Gefühle wie Zuneigung, Enttäuschung, Dankbarkeit, Zufriedenheit, Sorge, Sehnsucht, Einsamkeit, Trauer, Depression, Neid, Hass, Rührung, Bescheidenheit, Stolz und viele andere. Meist versucht der Titel einen Kontrast gegenüber dem Inhalt bereitzuhalten.

Engelbert Manfred Müller, 1940 geboren, in Köln und Leverkusen aufgewachsen, war 40 Jahre als Lehrer an Volksschulen, Hauptschulen und Gesamtschulen tätig. Davon verbrachte er 9 Jahre an Schulen in Chile und Mexiko. Die Gedichte in diesem Band entstanden in den Jahren 2007 und 2008. 2015 und 2016 erschienen der Roman „Nur ein Schlüsselanhänger" und die Erzählbände „Das Auge der Stadt", „So nah und so fremd" und „Extremadura" im Buchhandel.

Engelbert Manfred Müller lebt seit 1982 in Bergisch Gladbach.

Engelbert Manfred Müller

Spätlese im Halbschatten

(Gedichte von 2007 bis 2008)

Bei der Gestaltung der Titelseite wurde ein Aquarell des Autors verwendet.

Bibliografische Informationen der Deutschen Nationalbibliothek:
Die Deutsche Nationalbibliothek verzeichnet die Publikation
I
in der Deutschen Nationalbibliografie, detaillierte bibliografische
Daten sind im Internet über http:/ /dnb.dnb.de abrufbar.

© 2018 Engelbert Manfred Müller
Herstellung und Verlag:
BoD – Books on Demand Norderstedt

ISBN 9783752813944

Freundschaft

Im Flugsand,
der die Wege und Konturen
oft verschwimmen lässt,
ist Freundschaft
wie ein Leuchtturm,
wie ein Grenzstein,
der dir dein Geviert
für lange weist.

Gala-Auftritt

In manchen Nächten
wenn die Regentonne
überläuft
tritt einer nach dem andern
auf die Bühne
meiner Sorgen
fasst meine Hand
und bittet:
Nimm mich doch einfach
lieb mich einfach
wie ich bin!

Geständnis in der Küchentür

Und dabei kenn ich
kaum ein größres Glück
als wenn du deine Augen öffnest
und mich ansiehst
wirklich ansiehst
zwischen Fensterputzen
und dem grauen Weg
des

Hallo, Kinder!

In Büchern kämpft ihr
gegen Drachen, Ungetüme.

Seht ihr denn nicht
die Klauen,
die euch längst umkrallen:

Konsumismus
und die Gier nach Haben
und die Flimmerkiste,
die euch weismacht,
dass sie wichtig ist,
doch nicht die Menschen,
die euch mögen.

Ich wünsch euch
einen Zauberer,
der euch befreit

In den hängenden Gärten

In den hängenden Gärten
vom Hinterleib
deiner Hirnanhangdrüse
gesponnen
verbringst du
die Tage und Nächte
im Traum
und siehst dabei
oftmals
den kirschroten Mund
und die Hand
und die Herbheit des Charmes
an der Schürze
der Magd
deiner Wirklichkeit
kaum

So war es oft

Berührung deiner Haut
und zarter Griff zurück,
bis überstürzt
Besinnungslosigkeit
sich gänzlich birgt
in dir
und eignes Sein
verschmilzt
in dunklem Glück
das sich in
matte leichte
Träume bettet

Verflossene

Die weiche Hand,
die liebe Wade
oder tiefe Augen,
die dich früher rührten,
sie sind gebannt nun
durch die weite Strecke
langen Weges,
die dazwischenliegt.
Der ist real.
Und sie?
War'n sie nur Traum?

Zögerliche Annäherung

Pupillen werden eng
und deine Maske hart,
weil du nicht willst,
dass ich dein Inneres berühre.

Und dabei will ich nichts
als dass du selber nicht
Chirurgen überlässt,
dir etwas wegzuschneiden
was du selber bist und warst:

Ein Mensch, der Augen hat,
die ihre Welt mit Neugier sehn,
und Ohren, die auch Stilles hören,
um dann alles zu bewahren
dort, wo deine Seele lebt.

Wiedergeburt

Wir träfen uns
am Fuß des
Himalayas
unter Rhododendron-
blüten
hielten uns die Hand
und ließen unsre
Beine baumeln
vom Balkon der Welt
und dann und wann
verstohlne Blicke
um im andern Auge
zu erhaschen
noch verlorne Zeiten
die endlich doch
und schließlich
uns gegönnt

Untersuchungshaft

Erst dann,
dann werd' ich
wieder flügge werden
und als roter Milan kreisen,
hoch aus lichtem
Blau herschauen
mit Gelassenheit und Milde
das graue Feld
hier unten sehn,
erst dann,
dann wenn von deinem
strengen Richtertisch
du aufgestanden wärst
und laut verkündetest
den Freispruch,
endlich meinen Freispruch.

Alterssitz

Der Abstand
zu den Ufern
mit den andern
verändert sich,
wird größer nun
von Tag zu Tag,
und unsre Nachbarhäuser
werden leer,
dieweil wir beide
auf der Insel
einander immer
näherrücken
und mit verkniffnen Augen
in die Ferne schauen.
Ob unsre Mienen
sich schon gleichen?

Missverständnis

An Tagen,
da die Feuchtigkeit
aus nackten
kahlen Ästen kriecht
und Krähen über
dunkle Schatten fliegen,
da wird ihr Ruf
oft falsch verstanden:
Erschreckt zieht man
die Hand zurück,
statt Licht im andern
Aug' zu suchen.

Entsprechung

Ich fand bei dir
oft lichte Höhen,
sanfte Mulden,
Schluchten voller
Schatten und Geheimnis.

Und wenn ich reiste,
mich die Sehnsucht
neue Horizonte
und verschwiegne Küsten
suchen ließ,
so fand ich stets nur
dich.

Pflichtsignale

Karg sind die
seltenen Signale,
die aus der starren
Maske, die die
Pflicht geformt,
gesendet werden.

Karg und miss-
verständlich,
da sie von Anfang an
Betrug und Rückzug
eingeplant, aus Angst,
dass sichtbar werde,
wie sehr ihr Lust
und Freude fehlt,
die einst sie lenkten,

oder Liebe.

Novemberdepression

Wohin man schaut,
gesenkte Blicke
und dahinter nur
herabgelassene Rollos.

Weil längst der Nebel
drang in letzte Winkel
und jedes feste Fundament,
das einst in Sonnentagen
fröhlich aufgerichtet,
aufzulösen anfing.

Und alle scheinen zu vergessen,
dass Aufbau, Aufbruch
nur gemeinsam möglich war,
an einem Seil
mit vielen Händen.

Komplott

Ringsum ist es leer geworden.
Schnecken zogen sich zurück
in ihre Häuser.
Längst schon waren ihre
Fühler eingezogen.

War es die Norne,
die das Außen festlegt,
oder doch die andre,
die dein Inneres bestimmt?

Welche wohl von ihnen
hat mit ihrem bösen
Zauberspruch den Wandel,
der dich schmerzt, bewirkt?

Vor kurzem sah ich,
wie sie beide heimlich
sich komplizenhaft
ein Blinzeln schickten.

An eine alte Freundin

Hätten damals wir
die Gitter weggezogen
vor der Tiefe
unsres Blicks,
dann ließen heute wir
die Schultern traurig hängen
vor den Schicksalstrümmern
einer lieben Illusion.

Prompte Bestrafung

Dein Verstummen
zeigte mir, dass meine
Skepsis wie ein böses Messer
tiefe Wunden schnitt
in deine weiße Haut,
das Weiße, das du arglos
dargeboten als die Oberfläche
einer lieben Seele.

Kollegen nach langer Zeit

Hallo, wie geht's?
Der hat mir grade noch gefehlt.
Und lange nicht gesehn.
Gottseidank. Das wär ja noch schöner.
Du siehst ja blendend aus.
Was man von dir nicht sagen kann.
Schade, dass wir uns so selten sehen.
Arschloch!

Missglückte Begegnung auf dem Flur

Was hat er bloß?
Was ist mit ihm?
Was hab' ich ihm getan?

Aus schweren Sorgen
aufgeblickt.
Den kenn' ich doch -
ach – keine Zeit.

Der Schwarm

Im Gleichklang
weiterschwimmen:
pure Harmonie.

Doch weh, wenn
blanke Schulter
einzeln
Silberglänzen
blitzen lässt.

Dann sind die Haie
nah, voll Gier auf den,
der weggestoßen
oder isoliert.

Welcher denn nun?

Wenn sie sich doch
einmal nur
begrüßen würden:

Der eine, der die Hände
voll vom Reichtum
seines Lebens,
und der andre, dem
das alles durch die
Finger glitt und der
nun einfach nackt dasteht:

die beiden, aus dem
gleichen Schoß geboren oder:
zweifach ich.

Nicht mal ein Gruß

Gleich neben grünen
Matten, die von Trauerweiden
sanft umstanden, fließt,
tief eingefressen, hier der Bach,
in dem Geröll den Groll
mit harten Schlägen
poltern lässt
und sich beklagt,
dass du nicht eine Taube
sandtest, mit einem kleinen
Ölzweiggruß im Schnabel.

Wintermorgen

Beruhigt niedrige
Werte gemessen.

Durch Heizungsrippen
tönt stetes pazifisches
Brandungsrauschen
und der Geruch
verbrannten Staubs
zieht als Gelassenheit
durch meine Nase ein.

Später Dank

Woher nimmst du bloß
die Kraft, mich stets
zum Weiterschwimmen zu ermuntern
und mich am Kinn zu
unterstützen, um mir neue
Küsten oder nahe Ufer
in den Blick zu rücken?

Vogelhäuschen

So steht er auf seinen
zerbrechlichen Beinchen
bei geizigem Griesel
und reichlichem Futter,
der kleine kompakte
Buchfinkenkerl,
in erstaunlich dekorativem
Federgewand
sinnend davor:

Und das ist die Welt?

Nicht zu fassen

Dein Bild erfassen:

suchen, gleiten, rutschen
tief in ewig lange
Zimmerfluchten
tausend Spiegelbilder die
sich gegenseitig wiedergeben
so aus meinen Händen
gleitest du mir
endlos fort

Hast du dich jemals
selbst geschaut?

Aus der Suhle gesprochen

Red nicht so viel!
Sei nicht so neugierig!
Frag nicht so dumm!
Musst du denn immer
alles so genau wissen?
Der Blick zum Horizont
ist unanständig.
Vaterlandsverrat
und Überheblichkeit.
Bleib im Lande
und nähre dich redlich!
Und halte den Blick

aufs Überleben gerichtet.
Das trübe alltägliche Einerlei.
Nur dann gehörst du
wirklich zu uns.

Aus der Tonne

Nur ein Sonnenblinzeln
und auf deinen Lippen
schon den Anflug
eines Lächelns
wünscht sich zur Weihnacht
Herr Diogenes.

Rastlos

Nicht nur dein Bild,
nein, mehr noch dich,
ist, ob du's glaubst mir
oder nicht,
das, was ich
ständig suche.

Käufliche Liebe

Gib endlich zu,
dass deine Muse
eine Hure,
für die du teuer zahlst
in einer Münze,
die dein Herz
geprägt

Ferngesteuert?

Oft sind es einfach Schalter,
die in dir geknipst
ganz unabhängig davon,
ob Gedanken oder Fühlen
einen Wechsel wirkten.
Doch wo reicht der lange Finger,
der sie tätigt, her?
Aus dem dunklen
Ärmel einer Norne,
aus dem Strahlen
eines fernen Himmels-
körpers? Sag es mir!

Coatlicue oder Genesung nach schwerer Krankheit

Vor Schrecken war ich
stumm und staune
nun, dass eine
Frist du mir
gewährst, um noch
ein Lied von deinem
Horrorblick zu singen.

Unbegreiflich

Wie konnte es denn sein,
dass all der Zauber,
die Glückseligkeit
beim Taumel des
Hinuntertauchens
in den Blick des andern
jemals endete?
Ein Widerspruch
in sich

Verlust

Fassungslos
stehn sie
mit leeren Händen
vor der Hülle
eines Menschen,
den sie liebten,
und befürchten,
dass dahinter
nichts mehr ist,
zumindest nichts,
was ihnen
noch erreichbar.

Nacktheit

Freiheit, bloß
von allen Fetzen
unserer Kultur,
der Eitelkeit
und billigen
Notwendigkeiten
und
Lust, den eignen
Körper in den
Wind zu halten
und dem Du dich
ganz zu geben.

Doch Frieren auch
in feuchter Kälte
und Entblößtheit,
die die Scham
gebiert und dir
Verletzlichkeiten
schmerzhaft zufügt.

So bist du stets
das Doppelwesen
mit dem Namen
Mensch.

Kaputte Feder

So ist es manchmal,
so, dass alles
blitzschnell,
wie mit einem Ruck
zusammenschnurrt
und weg ist,
einfach weg,
was jemals dich
mit Spannungen
und Zielen füllte.
Ist es Müdigkeit
des Materials?
Oder einfach
überdreht
nach abgelaufner
Lebenszeit?

Silberfischchen

Euphemismus
aus der Unterwelt,
der aus geheimen
Wegen durch die
Fugendichten
uns erinnern will,
dass alles mühsam
nur bedeckt ist,
was unter uns
und hinter allem
steckt und
modert.

Rollensuche

Ich möchte meinen
Schädel bergen
in deinen Schoß,
an deiner Brust.
Und manches Mal
gewährtest du den
mütterlichen Dienst.
Doch meist verlangtest
du stattdessen Stärke,
die dir zur Stütze ward
an deiner eignen
Schwäche

Gesamtkunstwerk

Du, dienichtineinzelteilesichzerle
genlässt

Januarsonne

Du scheinst auf Bäume,
die in Wartestellung
verwundert dastehn
wie der kleine Vogel,
der gestern gegen
eine Scheibe flog
und –erwachend aus
der Ohnmacht-
um sich schaut
und staunend sieht,
wie melancholisch
grauer Hintergrund
in dunkles Gold
sich langsam
wandelt.

Ende einer Laufbahn

Die du verachtet
hast in Jahren
deiner Stärke,
steh'n nun als Geister-
publikum
am Rande deiner Schanze
und sehen hämisch,
dass du nicht mehr
springen willst
- und kannst.

Leider nicht möglich

Wenn ich wählen könnte,
ob ich in geweihter
Erde sanft gebettet
ruhen wollte
oder
meine bleichen
Knochen in der
Sonne trocknen
sollten,
würde ich
die Atacama
vorzieh'n jedem
Würmermatsch.

Ganz nebenbei

Manche Botschaft kommt
als Flaschenpost,
die ganz verschämt dir
an den Strand gespült.
Ihr Inhalt birgt das
Eigentliche.

Was nützt mir dann die Wiedergeburt?

Letztlich kann
ich einfach
nicht entscheiden,
ob in den Tiefen eines
Urwaldcanyons oder
auf den klaren Höhen
eines Tepuis
ich im nächsten Leben
leben will.

Alles hat seine Grenzen

Es wünscht sich
seine Tonne nicht
als Goldnes Kalb,
beileibe nicht,
doch auch nicht,
dass man voll
Verachtung ihm
drauf spucke,
der Diogenes.

Schlechter Tausch

Könnte es nicht sein,
dass Schokolade,
Laptop, Sex,
Bewunderung
nur Surrogate
letztlich sind
für deine Liebe?

Trost

Als der Zwilling
von Narziss
vom Drahtseilakt
zu Tode stürzte,
sagt' er zu sich
- fast heiter -
Das Leben geht
am Boden weiter.

Viele Leben schon

Schon seit Ewigkeiten
wollt' ich deinen dunklen
Schluchten der Pupillen
folgen bis zu ihrem
tiefsten Grund.
Doch ich fand
sie nie.

Köder

Wenn du mir einen
leckeren Gedanken
auf den Teller wirfst,
so weiß ich nie,
ob du mich einlädst,
ihn gemeinsam
zu verspeisen,
oder ob ich bald
am Haken der
Bewunderung
zappeln soll.

Panoptikum

Welch bunte Auswahl,
von Mona Lisa
bis zum Wurzelsepp,
von reinem Geist
zur Kräuterhexe,
beileibe keine
Ware von der Stange,
hat das Schicksal dir
an Freunden doch
beschert!

Homöopathische Dosis

Ich hätte nie
gedacht, dass jemals
Neid und Missgunst
ihre gelb und schwarzen
Schlieren auf mich
träufeln könnten.
Oder sind es einfach
Tropfen gegen
fremde Übermacht?

Hans im Glück

Letztlich hab' ich
nie getauscht,
nicht gegen Kuh,
noch Gans, noch Haus,
noch lange Reisen,
das, was ich kurz
nach der Geburt
in Händen hielt,
die kleine
goldne Kugel,
ein Geschenk.

Lahmende Freundschaft

Warum nur hast du
dich zurückgezogen?
Es schmerzt mich sehr,
weil mir dein Lächeln,
deine Stimme fehlt.
Weißt du denn nicht,
dass keinerlei Besitzanspruch
ich wollt' erheben?
Oder hat dich eine
dunkle Seite, die mir
selber nicht bewusst, verletzt?
Hat eine gänzlich andre
Sorge dich gepackt,
die außerhalb von dem liegt,
was uns beide nur betrifft?
Ich möcht' sie gerne
mit dir teilen.

Stolz

Ich komm' nicht los
von meinem Stolz,
dass ich mich selber
aus dem Sumpf gezogen,
statt endlos
Therapeuten zu
besuchen, die mir
mein Gefühl befreiten.

Wendezeit

Seitdem der Tiger
der Gefühle kürzer tritt,
sind all die kleinen
Pflanzen nun erblüht
und altbekannte,
aber unterdrückte Arten
fangen an zu wachsen,
Freundschaft, Mitleid und
Verständnis und Vergebung.
Und Stolz und Streitlust
lassen nach.

Enttäuschte Geberlaune

Ich wollt' das –ehrlich- dir
nur zu Gefallen tun
und war erstaunt, dass du
mir prompt Bedingung stelltest,
als wenn ein böser Funke
im Dunkeln mir misstraute.
Sahst du, dass in GEFALLEN
das Wörtchen FALLE ist versteckt?
Dabei wollt' ich dir nur
vom Überflusse spenden,
der just von meiner
Brunnenschale floss.
Oder dachtest du,
der Ware würd' die Rechnung
auf dem Fuße folgen?

Strategie

Angriff ist beileibe nicht
das Beste zur Verteidigung,
weil sie den nächsten
Angriff provoziert.
So lass' nur Schwert
und Lanze stecken,
such stattdessen
einen sichren Schild
oder einen sanften Zaun,
wenn du ihn brauchst.
Schon Stacheldraht ist mehr
als bloßer Schutz
und reine Wehr.

Stallgeruch

Manchen reicht
der Dunst der
nahen Leiber
und das leichte Reiben,
das Gefühl, dass
sie den Stall
gemeinsam haben.
Und das Futter.
Und das Scheißen.

Enkel

Die kleinen Ohren,
die dir lauschen,
und ihre Augen
voll Vertrauen,
die sind das
Paradies.

Metaphysik

Die kleine Hand,
die deine birgt,
schenkt dir den Weg,
der endlos ist.

Plötzliche Einsamkeit –
und Auferstehung

Nicht der Donner
war es dieses Tors,
als es sich unerbittlich
schloss,
nein, mehr die grauen
mitleidlosen
Rücken, die sich
von mir kehrten
und mich in Staunen
das ich nicht begriff,
und Schmerzen
liegen ließen.

Und doch gab's diese
Hoffnung, die als
leichter Schimmer
mir erschien
und tröstend
wie die schlanke Hand
mir kündete:
Denn bald
sieht wieder alles
anders aus. –
Und genau
so war es
wieder.

Gefühle

Dass ich sie früher
häufig weggeschoben,
ist mir heute
völlig unverständlich.
Diesen Schatz und
die Palette
aller Farben,
die die Gemälde
meiner Seele malen,
von düstrer Pracht
zu lichter Reise
nach Tunesien.

Leuchtkäfer in der Nacht

War denn die Dunkelheit so groß
und dicht, dass ihr Signal
sie nicht durchdringen konnte?

Lag ein Defekt
des Apparates vor,
der sie mit Sorgen überhäufte?

Kam ihnen einfach
keine Antwort in
den kleinen Sinn?

Oder war'n sie ob der
Nachricht zu verblüfft?

War keine Zeit
zum Dekodieren?

Oder nahm die Botschaft
einen fremden Kurs
in eine unbekannte Richtung?

Nun legen sie
stattdessen neue Kabel.

Morgens im Bett

Die warme Schwüle,
die geeignet ist
zum Brüten der
Gedanken,
die sich steilen,
und in der Dämm'rung
die Gefühle
lässt zu reifen
Früchten werden,
die im Glanz
der Worte ihren
Spiegel finden

Eifersucht

Der mit dem Barte
setzt sich deine Mütze
verlogen auf den Kopf
und bringt die Braut
in wildem Tanz
zum Lachen,
was du in Wahrheit
selber wolltest,
während du -
verwirrt
erstarrst.

Wie russische Puppen

Wenn eine Haut sich
nach der andern ablöst,
wen lernst du dabei
wirklich kennen?
Liegt dann im letzten
Kern die eigentliche
Wahrheit?

Oder musst du alle
einzeln, in ihrer
Eigenart betrachten,
die oft der andern
gar nicht ähnlich sieht?

Und dir zum Schluss
ein Durchschnittsbild
berechnen, fast schon
mathematisch?

Solidarität unter Künstlern

Sie stopfen Sahne
dir ins Maul,
wenn du schon auf
dem Rücken liegst,
und lassen dich
dein Lied auf einer
Saite spielen.
Und sie verzieh'n den Mund
zu einem Lachen,
zwischen gutgelaunt
und hämisch.

Irritation

Kurzes Zögern beim
Umarmungsgruß.
Aussatz oder Mundgeruch?
Angst vor überschwappendem
Gefühl, der Flüssigkeit,
die züchtig eingesperrt,
als könnte unversehens
sie das zugewiesene
Gefäß verlassen.

Genauer hingeschaut

Deine Augen steh'n heut
dichter beieinander
und deine Wangen sind
wie von der Hand
des Schicksals eng
geschlagen, wie durch
düsteren Tunnel gezwängt.
Was ist mit dir gescheh'n?

Überleg' mal

Ein Käfig,
wenn auch mit
goldnem Boden,
reicht nur aus,
wenn sie zumindest
einmal dort
im Jubelflug
gemeinsam sind
hineingeflogen.

Fast Eifersucht

Und leichte Schärfe
steigt in deine Nase,
wie von Gülle und Narzissen,
eine kleine Wut,
dass der Alleinbesitz
dir aus dem Blattversteck
in sanfter Regennacht
ans helle Sonnenlicht gezerrt.

Netzwerk

Andrerseits,
wenn deine Freunde
Freundschaft schließen,
verdichten sich die Maschen
deiner Hängematte,
und das Nichts
verliert an Größe
und Bedeutung
- und dein Ruhen
wächst an Sanftheit.

Unverzichtbar

Du bist der Anker
meines Pendels,
der zwischen meinen
Höhenflügen und
den tiefen Stürzen
in den Abgrund
dafür sorgt,
dass alles hält
und nicht im Chaos
endet.

Auf den Teppich gebracht

Du bist die klare,
manchmal raue
Wirklichkeit,
die meinem un-
steten Geflattere
der tausend Möglichkeiten
einen sichren
Rahmen gibt.

An einen Freund,
der's noch nicht fassen kann

Auch daran wirst du
dich gewöhnen:
dich schließlich alt zu fühlen,
tausend Zipperlein
zu spüren und das Ende
unerbittlich näherrücken
sehen, umso mehr
wird jedes Vogelzwitschern
beim Erwachen,
jeder Sonnenstrahl
und –tag
dir kostbar sein.

Gegenseitige Besuche

Und welchen Jubel löste
denn nicht jedes Mal
im eignen Reich der andre
aus, wenn unerwartet er,
oder auch sie, erschien,
im wirklichen Gehege
oder auch im Reich
der Träume, die der andre
spann, kühner Gedanken
oder reicher Phantasien.

Wer war das wohl?

Manchmal ist es, als
wenn durch die Hintertür
ein unbekannter Dieb
dir alle Früchte hätt'
geraubt, die schönen
bunten Blüten abgeknickt
und nur Gestank dir
hinterlassen hätte.

In voller Fahrt

Was heißt es,
wenn der Mast
steil aufgerichtet ist
und alle Segel
prall geschwollen?

Sie suchen nicht
ein fernes Ziel,
an nahen Klippen
wollen lustvoll
sie zerschellen.

Dank an den Übersetzer

Damals,
als zum ersten Mal
ich deine Sprache lernte,
war es, als wenn
plötzlich ich verstünde,
was die Vögel sagten.

Nun bezaubert der Gedanke
mich, dass sie mein Lied
in deinen Bäumen singen.

Reflexe

Gutgemeinte
schräge Spiegel sind
Gesicht und Worte
unsrer Freunde,
die unsre leere Hülle
langsam füllen
mit dem Bild,
das dann das
unsre ist.

Endlich Sonne

Sie verleiht der kitschigen
Laterne Glanz
und der verblichenen
Markise Charme,
sie formt aus dunklem
Ästewirrwarr Filigran,
betont an hässlich-scharfen
Kanten ihre Kühnheit
und schenkt dem Tod des
trüben Himmels Weite.
In die geduckte Angst
der Vogelstimmen
senkt sie einen
frohen Klang von Aufbruch.

Denkmalpflege

Die Schätze der Vergangenheit
in meinem Kopf,
in meinem Bauch,
die können doch nicht einfach
so verfaulen, korrodieren
und zu Staub zerfallen.
Bewahren möcht' ich
sie, gestalten und
mit andern teilen.
Oder ist das auch nichts
andres nur als Grabdenkmal
und Marmor zur Verewigung?

Hellseherinnen

Mehrere, auch du,
ihr kanntet mich,
bevor ich selber später
mir begegnete.
Woher nahmt ihr
euer frühes Wissen?

Er zeigt sich nicht

Launenhaft verändert sich
dein Blick auf deine Welt,
färbt sie mal bunt,
mal grau in Grau.

Dem schickst dein Arsenal
du schnell entgegen
von altgezüchteten
Misstrauensvoten.

Doch wer ist dahinter
der geheime Strippenzieher,
der streng und nüchtern
auf Konstanz besteht?

Sonne

Wie schickt sie ihre Strahlen
und ihre Wärme
auch in dich hinein,
beleuchtet dort auch letzte Winkel
und taut das Hartgefrorne auf,
vertreibt das blinde Nebelwallen!

Wie seltsam ist die Parallele
von Innenwelt und Außenwelt!

Was war zuerst?
Und warum fliehst du nicht
für immer in den Süden?

Flugtag

Mit Erstaunen
nehm' ich wahr,
dass ich zum x-ten Mal
die Flügel breite,
um unbekannte Schluchten
zu durchfliegen

.

Kein Ticket für den Nachtzug

Wem kam er nicht schon,
der Gedanke, einfach so,
bei Nacht und Nebel,
in den Zug zu steigen
und am andren Ende
unsrer Welt die dunkle
Seite seines Monds zu leben?

Und wer war es,
der ihn hinderte,
zur Wirklichkeit zu werden?

Die blasse Furcht, dass eigne
Kraftreserven endlich sind,
und dass das Kainsmerkmal
im Spiegel des Verrats nie mehr
verlöschen würde?

Oder lediglich die Angst
vorm Sprung?

Spätlese im Halbschatten

Der Erntehelfer,
der für wenig Lohn
die Wörter pflückt
wie Trauben,
die, von der Sonne
nicht verwöhnt,
noch neben dunklen
Hecken wachsen,
er hofft, dass herbe Würze
und die Wahrheit
seines Weins
den späten Zecher
überzeugen.

Blick in den Spiegel

In manchen Furchen
liegen viele Tode,
in schrägen Falten
vielleicht sogar Verrat.
Und doch – in müd'
geword'nen Augen
glänzt noch Hoffnung.

Auf halbem Weg steckengeblieben

Wenn nur der Therapeut,
der Ikebana-Lehrer
dir erklärt, dass dein Gefühl
in Worte du sollst fassen,
und du nicht selbst
darauf gekommen bist,
dann wirken deine Blumen
leicht wie Vasenkitsch
oder so künstlich
wie aus Stoff.

Danket dem Dieb

Weil er das teure Auto,
Porzellan von Rosenthal,
diverse Apparate
reduziert hat auf ihr
wesentliches Sein:
ein Nichts, verglichen
mit der Patina des Rostes
an der Tonne
von Diogenes.

Gelassenheit

Du Plattform
der Begierde!

Fasten auf Kreta

Ist alles nur ein
kost-
spieliges
Bedürfnislosig-
keitstheater,
meint Diogenes,
und ein verlogenes
dazu.

Mahnung

Mag sein, dass pure Lust
am Reden, Freude auch
an tausend Einzelheiten
schöner Kenntnisse und
sorgfältig gehütetem Besitz
dir deine Zunge treibt.
Doch sag' mal,
hast du wirklich nötig,
dein Gefieder auf der Bühne
so zu spreizen wie ein Pfau?

An den ewigen Samariter

Meinst du nicht auch,
dass du nun endlich
lernen solltest,
dass deinen Wert
du in dir selber hast,
nicht bloß, wenn du
dich aufreibst in dem
Dienst an andern
und die Krücke baust,
die dann verhindert,
dass sie selber
laufen lernen?

Wirkliche geistige Freundschaft

Wie schön ist es,
wenn wir gemeinsam suchen,
was die Welt
im Innersten zusammenhält,
statt bloß dem andern
mitzuteilen,
wie es ist und war.

Ein Zipfel gelüftet

Im Grau des Alltags
liegen tausendfach
verborgne Farben,
Kostbarkeiten, die
nur uns gehören,
in unsrer Heimlichkeit
und unsrer exklusiven
Bedeutungslosigkeit,
die wir an niemanden
verraten.

Selbstbetrug

Zweimal gilt als
Wiederholung.
Die wird zu „häufig"
und „fast immer".
Und der Illusion
von Ewigkeit.
Weil wir das
reine Chaos
nicht ertragen.

Acht Uhr bei trübem Wetter

Flüchtiges Zirpen
und das Fahrgeräusch
vom leeren Bus
geben mir Halt
durch Wiederholung.
Illusion von Ewigkeit,
auch wenn die Sonne fehlt,
und dreimal Hundebellen
bedeutet fast schon
pralles Leben.

Versuchung

Ich will nicht leugnen,
dass gelegentlich
die Sehnsucht nach
exotisch ferner Süße
einen Überfall
auf mich verübt
und mir geheime
und verbotene Gelüste
im Urwald Neuguineas
oder im Iran verspricht,
in einem flirrend
weißen Winkel
einer Wüste, die noch
nie erreicht.

Anarchismus

Ich weigre mich,
mich schuldig
zu bekennen,
weil auf den
gekrümmten Rücken
stets das Zepter
eines Herrschers
schlug.

Aus heiterem Himmel

In deinem seltnen Kuss
blinkt altes Gold
durch Patina
und die Verschmitzheit
deiner Augen
sucht vergeblich
Rührung und die Tiefe
deiner Liebe
zu verbergen.

Was denn
brauch ich mehr!

Ökonomie der Zärtlichkeit

Ich weiß, dass deine
Sparsamkeit
nur dazu dient,
mich dann und wann
mit Dividenden
überreichlich
zu belohnen.

Aufruf zum Verrat

Aufruf zum Verrat
an Stacheldrahtgemütern
und dem Kartell des Schweigens,
das von langer Hand schon
deine Degradierung plant
zum Gartenzwerg,
der dümmlich grinst
und seine Nähe pflegt
zum platten Lehm
der Scholle!

Ein-Bildung

Manchmal steh'n
die Bäume wie
versteinert da,
wie wenn sie warteten,
dass Dichterwort
im Ohr der Menschen
sie erlöst.

Hoffnung auf Wiedervereinigung

Misstrauisch
beäug' ich das,
was man gemeinhin
einen Körper nennt,
der früher nie gezeigte
Reaktionen weist,
wie Sonnenallergien,
Hitze im Gesicht
und Herzschlagstolpern.
Der Stuhlgang, der nun
eher einem Schleichen gleicht.

Wieso steht er auf einmal
neben mir,
als jemand, der ich
selbst nicht bin,
und spielt sich als
ein eigner auf?
Was hab' ich
ihm gctan?

Tief durchgeatmet

In späten Spielen
fragst du dich,
ob nicht Verrat
ist nötig,
um von alten Fesseln
zu befreien,
von liebgewordnen
Solidaritäten,
die schon längst
zu Staub geworden wären,
wenn nicht ein künstliches
Korsett von Strategien
und Argumenten
sie zusammenhielt
und dir den Atem nimmt
und deine Freiheit.

Geoutet

Ich bin für Promiskuität
und möcht' es fast
mit jedem treiben,
in Austausch und Befruchtung,
doch lediglich auf
geistigem Gebiet,
zu sehen, wie die andern sehen,
fühlen, denken, leben,
Gleichheiten zu entdecken
und auch Gegensätze,
wenn sie nicht allzu krass
dem Eignen widersprechen.
Und wenn die Rolläden
und Türen fest verschlossen,
dann bin ich ganz frustriert.

Keine Apotheose

Manchmal, wenn das Blau schon
übermächtig und das Strahlen
göttlich wirkt,
streuen heimlich strenge Engel
Dumpfheit und Verdruss
und Orangenblütenduft,
der schon in Fäulnis übergeht,
damit nicht Übermut
dir plötzlich Milanflügel gibt,
die hoch im Himmel kreisen
und an verbotne Tore
führen könnten.

Nicht teamfähig

Nie mehr werd' ich euch
mein Neugebor'nes präsentieren,
das, zart und süß, in Schmerzen ich geboren,
und das ihr dann wie Aas mit spitzen Schnäbeln
habt zerfleddert, und danach
in weißen Kitteln,
und mit abstrusen Instrumenten
als Monster wie von Frankenstein
zusammensetzt
und euch zurücklehnt,
selbstzufrieden im Vergessen
eurer eig'nen Impotenz.

Heilsame Klingen

Verstehst du nicht:
Ich will dich nicht verletzen
und muss es häufig
trotzdem tun.
Sonst nähm' ich dich nicht ernst
und unsre Freundschaft
würde dümpeln
an der Oberfläche
wie bei Flaute
und vor Langeweile
langsam sterben.

Such' neue Wege

Oft liegt in deinen
Augen tote Asche,
die von Feuern
stammen, die du
einst vergeblich
angezündest, weil du
dir Hoffnung machtest,
die von vornherein
auf Sand gebaut.
Du hattest Zeichen
seelischer Verwandtschaft
falsch gedeutet,
den Freundschaftsfunken
als Beginn von Leidenschaft.

Egozentriker

Deine Gedanken
sind wie Kinder
eines Ketten-
karussells.
Sie steigen jauchzend
hoch und stürzen
angstvoll nieder,
doch stets um einen
Kern, um dich.

Anhalten!
Ketten lösen!
Aussteigen lassen!

Dann könntest du
im nahen Park
sie ziehen sehen
oder auch in der Ferne
gänzlich dir entschwinden.
Sie wären frei,
und manchmal
würd' der eine oder andere
zu dir zurückkehr'n
und in fremdem Kleid,
mit fremden Gruße
reichlich dich beschenken.

Der Alchemist

Der in der Nacht
im Tiegel alte
Leidenschaften und
das trübe Blei von
nicht geklärtem Schlamm
zu goldnem Glanz
verwandelt, den im
Schöpfgefäß des Wortes
er zu kleinen
Kostbarkeiten gießt,
die seltsame,
beruhigende
Wirkung haben.

Glaub' es mir

Das schal gewordene
Geheimnis, das dich
fast erstickte,
dir den Hals und deinen
Mund verschloss
und die Sprache
dir verschlug:
Du musst es öffnen,
um endlich frische Luft
zu atmen.

Wie in der Fruchtblase

Der Morgen graut.
Es plätschert sanft
die Regenrinne.
Alltäglichkeit
reicht dir das Brot
mit alter Hand
der Selbstverständlichkeit.
Kein Aufbruch nötig,
keine ferne Sehnsucht.
Nur diese Ewigkeit,
wo dein Gefühl
geruhsam rudert.

Eindeutige Präferenz

Mit dir
ein wildes
Feuerchen
am Strand
ist mir doch lieber
als gepflegte Kerzen-
scheinmusik
einmal pro Woche.
Mit wem auch immer.

Hasenpanier

Manchmal läufst du
hakenschlagend
mir davon.
Um mich zu strafen
oder mich in Winkel
zu entführen, die nur
wir bewohnen?

Makel gesucht

Am Venusleib
der Pferdefuß
beruhigt mich:
Du hast hier
nichts verpasst.

Alte Bekannte

Ihr seid die Pfähle
meines Gartenzauns,
der mein Ich umsäumt,
und düngt mein Feld
mit Dankbarkeit.

Ambivalenzen

Wie oft ist Mitgefühl
von Häme unterspült
und Freude über fremdes Glück
von Neid und Eifersucht.
Nur deine Ufer
glänzen unberührt.

Ent-Faltung

Jetzt, da dein Bild
sich loslöst von dem,
was du bist,
obwohl ich es noch
halten will,
was machst du mit dem
Spiegelbild, das Jahre
ich dir vorhielt,
und das du selber
für dein Ich gehalten?

Als Vater mit herabgelassenem Visier

Abenteuer,
Akribie und Ruhm,
so hieß das Material,
aus dem dein Bild
ich formte.
Wenn du mich fragst,
woher ich es entnahm,
so geb' ich zu,
dass es nur meinem
eig'nen Fleisch entstammte,
meiner eig'nen
ungestillten
Sehnsucht.

Vorsichtig um die Ecke geschaut

Es kommt der Tag,
an dem Erwachen heißt:
Gesang der Vögel als
der größte Schatz
und ansonsten
relative Freiheit
von Beschwerden,
sowie ein leichtes Staunen,
dass es hell
geworden ist.

Götzendienst?

Dein Bild, das wie ein
heiliges ich
vor dich hingestellt,
was war es dir?
Ein Fluch und eine
tief fatale Fessel,
oder hast du es
auch selbst geliebt
und angebetet als
vergoldete Ikone?
Dann müssten beide wir
nun Abschied nehmen,
und schwimmend
neue Ufer suchen.
Mit völlig ungewissem
Hinterland.

Landmarken

Wenn ich dich suchen würd'
im düsteren Gewimmele
im Reich der Schatten:
An deinem Augenglanz
und deiner Stimmfrequenz
träf' ich dein
unverwechselbares Du.

Verpuppt

Das Flattern
eines aufgescheuchten
frühen Vogels
aus seinem
schützenden Gebüsch,
es stört ihn kaum.
Er dreht sich um
und bettet sich in
seine warme Hülle
zu einer weiteren Runde
Traum.
Und hört das Rauschen
feuchter Autoreifen
auf dem grauen
Weg zur Arbeit
wie aus einem
Film von damals.

Tröstliche Fahrt

Auf dein Flehen hin
zünd' ich dir
eine Lampe an
im Bus, der langsam
durch die Landschaft fährt,
und seh', wie draußen
in unendlich sanftem Licht
des Untergangs von
einer Sonne,
die grad aufgeht,
an langen Gräbern
sie gemeinsam weinen.

Du kannst es doch

Immer schaukelte
dein Boot bedenklich
hin und her,
wenn es mein schwerer
Fuß betrat.
Doch bitte komm'
nicht zu dem Schluss,
mich nicht mehr mitzunehmen.
Nein, bedenke nur,
dass du der bist,
der hier seit langem schon
sein eig'nes Boot
mit eig'nem Ruder
sicher steuert.
Ich würde deine
Flüsse sehr vermissen.

Requisitenkammer

Aus dem Ersatzteillager
der Gefühle brauchst du
nur, was passt,
dir auszuwählen
und kannst dich dann
in einer Rolle
häuslich niederlassen:
Den Schurken
rechtfertigst du
mit alter Wut,
zum Dieb ernennst du
augenzwinkernd dich
als großer Abenteurer
und Angst verwandelt schnell
dich zum Faschisten.

Mit Vorsicht zu genießen

Ein Gefühl, dir
selber eingestanden,
kannst du vor deinen
Wagen spannen
oder in den Garten pflanzen,
and'ren gegenüber
formuliert,
kann seine Lava in
Geheimkanäle fließen,
deren Lauf du nicht
verfolgen kannst.

Inhaltsverzeichnis